爾時世尊。従三昧。安詳而起。

鉛筆でなぞる『法華経』

「方便品」と「如来寿量品」

江間浩人 編著

論創社

はじめに——今、なぜ『法華経』か

写経がブームを迎えて久しい。そして写経といえば、真っ先に思い浮かぶのが『般若心経』です。

写経が、なぜ現代人の心をとらえるのでしょう。一番の理由は、日々の暮らしの喧噪《けんそう》から逃れ、ひとときの心の静謐《せいひつ》を求めているからではないでしょうか。癒《いや》しといえば、そう言えなくもありませんが、写経にはもう少し能動的な営みがあるように思います。心身を一点に集中し、余念や雑念から離れて、心を空の状態にする。一心に筆を運ぶことで、座禅よりも雑念を払いやすいのかもしれません。そして、それに加えて『般若心経』の特徴があります。

『般若心経』は、わずか三〇〇文字にも満たない短いものですが、大乗仏教の最初の教典とされています。内容的にも「空」の思想を端的に示しつつ、末尾に「真言」を説いて、悟りの到達を称《たた》えて終わっています。誠に有り難い教典なのです。したがって日本では、浄土真宗や日蓮宗・法華宗など一部をのぞいて、各宗派で広く受容されてきました。三〇〇文字に大乗仏教の核心部分が凝縮しているとなれば、写経のテキストに『般若心経』が選ばれてきたのも当然です。

一方、『法華経』はと言えば、「名前は有名だが、中身はよく分からない」というのが普通の人の感覚ではないでしょうか。

ところが、あまり知られていませんが、中国でも日本でも、『法華経』をあらゆる教典の中で最高のものである、と称えてきた長い歴史があるのです。日本では聖徳太子が広め、以降、『法華経』の功徳は特別なものとして広く知られてきました。今でも葬儀の際に、『法華経』の読経を最上級に格付けする僧侶は多いと聞きます。

そもそも、写経に功徳があると説いたのも『法華経』です。そのようなわけで、著名な書家による『法華経』の書写は、古来より膨大な数に上り、その数は『般若心経』などを大きく凌駕《りょうが》するといわれています。

さて、はじめて写経に挑戦しようという方、『般若心経』の次を考えられている方、いにしえより最上とされてきた『法華経』の世界を堪能されてはいかがでしょうか。ここでは、いくつかある『法華経』漢訳のなかでも最もポピュラーな鳩摩羅《くまら》什《じゅう》（三四四～四一三）訳『妙法蓮華経』の「方便品」と「如来寿量品」をテキストに選んでみました。

江間浩人

目次

◇写経の前に、「方便品」、「如来寿量品」の〔原典・訓読・現代語訳〕を熟読玩味されることを、お勧めします。

◇百科事典、国語辞書、漢和辞典を繙き、仏法用語のメモをとれば、理解は一層深まるでしょう。参考までに、本書の「訓読」欄にある仏教用語に＊をつけました。

◇写経を終えたあと、「原典」の余白にルビを振ってみてはどうでしょう。本書の五六頁を切り離すと便利です。

◇**10Bの鉛筆**をご用意ください。「筆鉛筆」（ふでえんぴつ）という商品もでています。

鉛筆でなぞる『法華経』——「方便品」と「如来寿量品」

第一部

方便品《ほうべんほん》

原典・訓読・現代語訳

爾《に》時《じ》世《せ》尊《そん》　従《じゅう》三《さん》昧《まい》　安《あん》詳《じょう》而《に》起《き》　告《ごう》舎《しゃ》利《り》弗《ほつ》。

爾《そ》の時《とき》に世《せ》尊《そん》、＊三《さん》昧《まい》＊より安《あん》詳《じょう》として起《た》って、舎《しゃ》利《り》弗《ほつ》＊に告《つ》げたまわく。

そのとき釈迦は、雑念を捨て精神を集中した三昧の修行から安らかにゆったりと立ち上がり、十大弟子の一人である舎利弗に、次のように説かれた。

諸《しょ》仏《ぶつ》智《ち》慧《え》　甚《じん》深《じん》無《む》量《りょう》　其《ご》智《ち》慧《え》門《もん》　難《なん》解《げ》難《なん》入《にゅう》
一《いっ》切《さい》声《しょう》聞《もん》　辟《ひゃく》支《し》仏《ぶつ》　所《しょ》不《ふ》能《のう》知《ち》。

諸《しょ》仏《ぶつ》の智《ち》慧《え》*は甚《じん》深《じん》無《む》量《りょう》なり。其《そ》の智《ち》慧《え》の門《もん》は難《なん》解《げ》難《なん》入《にゅう》なり。
一《いっ》切《さい》の声《しょう》聞《もん》*・辟《ひゃく》支《し》仏《ぶつ》*の知《し》ること能《あた》わざる所《ところ》なり。

「多くの仏が体得している知恵は、はなはだ深く、際限がない。その知恵の世界は、理解することも入ることも困難で、声聞や辟支仏（縁覚）と呼ばれるある種の悟りを得た修行者でさえ、誰ひとり知ることができない。

所《しょ》以《い》者《しゃ》何《が》　仏《ぶつ》曽《ぞう》親《しん》近《ごん》　百《ひゃく》千《せん》万《まん》億《のく》　無《む》数《しゅ》諸《しょ》仏《ぶつ》
尽《じん》行《ぎょう》諸《しょ》仏《ぶつ》　無《む》量《りょう》道《どう》法《ほう》　勇《ゆう》猛《みょう》精《しょう》進《じん》　名《みょう》称《しょう》普《ふ》聞《もん》。

所以《ゆえ》は何《いか》ん、仏《ほとけ》曽《かつ》て百《ひゃく》千《せん》万《まん》億《のく》の無《む》数《しゅ》の諸《しょ》仏《ぶつ》に親《しん》近《ごん》し、尽《つ》くして諸《しょ》仏《ぶつ》の無《む》量《りょう》の道《どう》法《ほう》を行《ぎょう》じ、勇《ゆう》猛《みょう》精《しょう》進《じん》＊して、名《みょう》称《しょう》普《あまね》く聞《きこ》えたまえり。

なぜか、理由を説明しよう。むかし仏は、百千万億という無数の仏のもとで、人々を導く無数の道と方法をことごとく修行し、その勇猛な精進によって、ひろく名声がとどろくほどだった。

成就《じょうじゅ》甚深《じんじん》　未曽有《みぞうう》法《ほう》　随宜《ずいぎ》所説《しょせつ》　意趣《いしゅ》難解《なんげ》。

甚深《じんじん》未曽有《みぞうう》の法《ほう》を成就《じょうじゅ》して、宜《よろ》しきに随《したが》って説《と》きたもう所《ところ》、意趣《いしゅ》解《さと》り難《がた》し。

はなはだ深く、際限がない方法を体得し、しかも人々の状況に合わせて適切に説き分けてきたので、皆は一つひとつの仏の説法の意図が理解できないのである。

舎利《しゃり》仏《ほつ》　吾《ご》従《じゅう》成《じょう》仏《ぶつ》已《い》来《らい》　種《しゅ》種《じゅ》因《いん》縁《ねん》　種《しゅ》種《じゅ》譬《ひ》喩《ゆ》
広《こう》演《えん》言《ごん》教《きょう》　無《む》数《しゅ》方《ほう》便《べん》　引《いん》導《どう》衆《しゅ》生《じょう》　令《りょう》離《り》諸《しょ》著《じゃく》。

舎利《しゃり》弗《ほつ》、吾《われ》成《じょう》仏《ぶつ》してより已来《このかた》、種種《しゅじゅ》の因縁《いんねん》*・種種《しゅじゅ》の譬喩《ひゆ》をもって、広《ひろ》く言教《ごんきょう》*を演《の》べ、無数《むしゅ》の方便《ほうべん》*をもって、衆生《しゅじょう》*を引《いん》導《どう》*して諸《もろもろ》の著《じゃく》*を離《はな》れしむ。

舎利弗よ、私は仏となってからずっと、種々の因縁ばなしや種々の比諭ばなしを通して教えを広め、無数の方便を使って人々を導いて、人々をさまざまな執着から解放してきた。

所《しょ》以《い》者《しゃ》何《が》　如《にょ》来《らい》方《ほう》便《べん》　知《ち》見《けん》波《は》羅《ら》蜜《みつ》　皆《かい》已《い》具《ぐ》足《そく》
舎《しゃ》利《り》仏《ほつ》　如《にょ》来《らい》知《ち》見《けん》　広《こう》大《だい》深《じん》遠《のん》。

所以《ゆえ》は何《いか》ん、如《にょ》来《らい》は方《ほう》便《べん》・知《ち》見《けん》*・波《は》羅《ら》蜜《みつ》*、皆《みな》已《すで》に具《ぐ》足《そく》せり。
舎《しゃ》利《り》弗《ほつ》、如《にょ》来《らい》の知《ち》見《けん》*は広《こう》大《だい》深《じん》遠《のん》なり。

なぜ、そうできるのかというと、仏は、方便と最高の知見をすべて体得しているからである。舎利弗よ、仏の知見は広く大きく、深く遠い。

無量無礙《むりょうむげ》　力《りき》　無所畏《むしょい》　禅定《ぜんじょう》　解脱《げだつ》　三昧《さんまい》　深入《じんにゅう》
無際《むさい》　成就《じょうじゅ》一切《いっさい》　未曽有法《みぞううほう》。

無量《むりょう》・無礙《むげ》＊・力《りき》・無所畏《むしょい》・禅定《ぜんじょう》＊・解脱《げだつ》＊・三昧《さんまい》あって深《ふか》く無《む》際《さい》に入《い》り、一切《いっさい》未曽有《みぞうう》の法《ほう》を成就《じょうじゅ》せり。

無量で妨げがなく、力があり、畏《おそ》れがなく、定まって動じず、悟り、静かに集中し、深く際限がなく、人々を導くすべての無量の方法を体得しているのである。

舎《しゃ》利《り》仏《ほつ》　如《にょ》来《らい》能《のう》　種《しゅ》種《じゅ》分《ふん》別《べつ》　巧《ぎょう》説《せつ》諸《しょ》法《ほう》　言《ごん》辞《じ》
柔《にゅう》軟《なん》　悦《えっ》可《か》衆《しゅ》心《しん》。

舎《しゃ》利《り》弗《ほつ》、如《にょ》来《らい》*は能《よ》く種《しゅ》種《じゅ》に分《ふん》別《べつ》し、巧《たく》みに諸《しょ》法《ほう》*を説《と》き、言《ごん》辞《じ》柔《にゅう》軟《なん》にして、衆《しゅ》の心《こころ》を悦《えっ》可《か》せしむ。

舎利弗よ、仏は人々の状況をよく見極めて、巧みに諸々の説法を説き分けるその柔軟な教えによって、人々の心を喜びで満たしてきたのだ。

舎利仏《しゃりほつ》　取要言之《しゅようごんし》　無量無辺《むりょうむへん》　未曽有法《みぞううほう》　仏悉《ぶっしつ》成就《じょうじゅ》。

舎利弗《しゃりほつ》、要《よう》を取《と》って之《これ》を言《い》わば、無量無辺《むりょうむへん》*未曽有《みぞう》の法《ほう》*を、仏悉《ほとけことごと》く成就《じょうじゅ》したまえり。

舎利弗よ、要点だけを言えば、仏は無量無辺で際限のない方法を、すべて体得しているということなのだ。

止舎利仏《しゃりほつ》　不須復説《ふしゅぶせつ》　所以者何《しょいしゃが》　仏所成就《ぶっしょじょうじゅ》
第一希有《だいいちけう》　難解之法《なんげしほう》。

止《や》みなん、舎利弗《しゃりほつ》、須《すべか》らく復《また》説《と》くべからず。所以《ゆえ》は何《いか》ん、仏《ほとけ》の成就《じょうじゅ》したまえる所《ところ》は、第一希有難解《だいいちけうなんげ》の法《ほう》なり。

やめよう、舎利弗よ、もう繰り返さない。なぜかというと、仏が体得したのは、もっとも難しい稀有な方法である。

唯《ゆい》仏《ぶつ》与《よ》仏《ぶつ》　乃《ない》能《のう》究《く》尽《じん》　諸《しょ》法《ほう》実《じっ》相《そう》。

唯《ただ》仏《ほとけ》と仏《ほとけ》とのみ乃《いま》し能《よ》く諸《しょ》法《ほう》の実《じっ》相《そう》を究《く》尽《じん》したまえり。

そして、ただ仏たちだけが、多くの仏による諸々の説法の真の目的・姿を深く理解しているからである。

所《しょ》謂《い》諸《しょ》法《ほう》　如《にょ》是《ぜ》相《そう》　如《にょ》是《ぜ》性《しょう》　如《にょ》是《ぜ》体《たい》　如《にょ》是《ぜ》力《りき》

如《にょ》是《ぜ》作《さ》　如《にょ》是《ぜ》因《いん》　如《にょ》是《ぜ》縁《えん》　如《にょ》是《ぜ》果《か》　如《にょ》是《ぜ》報《ほう》

如《にょ》是《ぜ》本《ほん》末《まっ》究《く》竟《きょう》等《とう》。

所《いわ》謂《ゆる》諸《しょ》法《ほう》の如《にょ》是《ぜ》相《そう》・如《にょ》是《ぜ》性《しょう》・如《にょ》是《ぜ》体《たい》・如《にょ》是《ぜ》力《りき》・如《にょ》是《ぜ》作《さ》・如《にょ》是《ぜ》因《いん》・如《にょ》是《ぜ》縁《えん》・如《にょ》是《ぜ》果《か》・如《にょ》是《ぜ》報《ほう》・如《にょ》是《ぜ》本《ほん》末《まつ》究《く》竟《きょう》等《とう》なり。

諸々の説法といわれるものは、その説法通りの姿・性質・内実・力・作用・原因・縁・結果・影響があり、しかもそれらすべてが深い目的で一致しているのである」と。

万人の成仏を説いた「方便品」

どうして『法華経』が、最上の教典として高い評価を受け続けてきたのでしょう。その卓越性は、次の二点に集約されます。一点は、唯一『法華経』だけが万人の成仏を説いたことです。もう一点は、『法華経』を説く仏はこの世で久遠の昔から衆生を救済し続けてきたと明かしたことです。少し、詳しく説明します。

実は、『法華経』以前の教典では、「絶対に成仏できない」と排撃された人々がいました。例えば女性や、自分だけが悟ればいいと修行に励むエリート僧などです。驚かれた方も多いでしょう。人口の半数を占める女性が成仏できないというのですから、『法華経』までの仏教は、とても差別的な教えだったのです。ところが、『法華経』ではそれまでの教えを乗り越えて、それらの人々にも成仏ができると初めて説きました。それを示したのが、『法華経』の中の「方便品」です。

本書の第一部は、この「方便品」の冒頭から、諸仏の説法が知恵の賜物であることを示した諸法実相（十如是）までを掲載しています。

「方便品」ではまず、釈迦が瞑想をやめて、弟子の舎利弗に説法を始める場面が描かれます。舎利弗というのは、知恵第一といわれた弟子です。釈迦は、知恵第一の弟子を前に次のように言いました。

「仏の知恵は、あまりにも無量で難解で、誰も理解ができない。なぜなら仏は、衆生ひとり一人の違いに応じて幸せに導く知恵をもっているからだ。それは方便を縦横無尽に使って諸々の説法をしてきたということである。仏は、経典の中で阿弥陀仏や盧舎那仏《るしゃなぶつ》などの様々な仏が、これまでに説いてきた説法の真実の目的・姿を知っているのだ」

これが、第一部の「方便品」の要旨です。ここには、二つのポイントがあります。

一つは、人々を一人一人の違いに応じて導く「方便（上手なウソ）＝深い知恵」を仏がもっていること、もう一つは、仏だけが、様々な仏の説法の目的を知っているということです。

第一部に掲載した説法を聞いた舎利弗たちは、その後、「この話だけでは納得できない」と釈迦に食い下がります。今、なぜ深い知恵、方便の力を釈迦は説いたのか、そして仏だけが知っている説法の目的は何か、と繰り返し問い続けます。そこで釈迦は、仏の説法の目的は「万人を仏にすること」にあり、これまでの諸仏の説法は、そのための方便なのだ、と初めて明かすのです。このやりとりは、「方便品」の後半（本書では割愛）に書かれています。

さて、本書の第一部の末尾に出てくる「諸法実相」について、一言、触れておきます。釈迦は、仏が万人のために説き分けた一つ一つの説法は、すべて仏の深い知恵から発せられたものだと述べた上で、次のように宣言します。

諸仏のこれまでの説法の「姿・性質・内実・力・作用・原因・縁・結果・影響・それらすべてが深い目的で一致していること」（十如是）を、実は、仏たちだけが知っているのだ、と。仏から見ると「様々な説法は、あくまでも人々を導くための方便として、個別の状況に応じて説き分けられたものなのだ」と言っているのです。つまり仏だけが、「諸法（諸々の説法）」の「実相（真実の姿）」を知悉《ちしつ》しているというわけです。

『法華経』を素直に読めば、このように理解できる「諸法実相」ですが、後世のエリート僧はこれを万物の認識論・実存論として難解な解釈を競ってきました。森羅万象（諸法）は、ありのまま（自然）の姿を示しており、それが真実の姿（実相）である、という具合にです。さらに智顗《ちぎ》（天台大師、五三八〜五九七）は、これを一念三千論へと展開し、悟りの中核的な概念へと発展させています。『法華経』は素晴らしい教えであるだけに、色々な人がその解釈を議論してきたのです。

第二部

如来寿量品《にょらいじゅりょうほん》

原典・訓読・現代語訳

自《じ》我《が》得《とく》仏《ぶつ》来《らい》　所《しょ》経《きょう》諸《しょ》劫《こっ》数《しゅ》　無《む》量《りょう》百《ひゃく》千《せん》万《まん》　億《おく》載《さい》阿《あ》僧《そう》祇《ぎ》。

我《われ》仏《ほとけ》を得《え》てより来《このかた》、経《へ》たる所《ところ》の諸《もろもろ》の劫《こっ》数《しゅ》*、無《む》量《りょう》・百《ひゃく》千《せん》万《まん》、億《おく》・載《さい》・阿《あ》僧《そう》祇《ぎ》*なり。

私が仏となってから、じつにはるか無数の歳月が経過している。

常《じょう》説《せっ》法《ぽう》教《きょう》化《け》　無《む》数《しゅ》億《おく》衆《しゅ》生《じょう》　令《りょう》入《にゅう》於《お》仏《ぶっ》道《どう》　爾《に》来《らい》
無《む》量《りょう》劫《こう》。

常《つね》に法《ほう》を説《と》いて、無《む》数《しゅ》億《おく》の衆《しゅ》生《じょう》*を教《きょう》化《け》*して、仏《ぶつ》道《どう》に入《い》らしむ。爾《しか》しより来《このかた》無《む》量《りょう》劫《こう》なり。

その間、常に説法を続けて、数えきれない無数の人々を教育し、仏の道に導いてきた。そうしてからも、じつにはるか無数の歳月が経過している。

為《い》度《ど》衆《しゅ》生《じょう》故《こ》　方《ほう》便《べん》現《げん》涅《ね》槃《はん》　而《に》実《じつ》不《ふ》滅《めつ》度《ど》　常《じょう》住《じゅう》此《し》説《せっ》法《ぽう》。

衆《しゅ》生《じょう》を度《ど》せんが為《ため》の故《ゆえ》に、方《ほう》便《べん》して涅《ね》槃《はん》*を現《げん》ず。而《しか》も実《じつ》には滅《めつ》度《ど》*せず、常《つね》に此《ここ》に住《じゅう》して法《ほう》を説《と》く。

人々を導くために、その方便として私は、死という姿をみせてきた。しかし、本当は死んでいなくなったのではない。いつもこの世にいて説法してきたのだ。

我《が》常《じょう》住《じゅう》於《お》此《し》　以《い》諸《しょ》神《じん》通《ずう》力《りき》　令《りょう》顚《てん》倒《どう》衆《しゅ》生《じょう》　雖《すい》近《ごん》
而《に》不《ふ》見《けん》。

我《われ》常《つね》に此《ここ》に住《じゅう》すれども、諸《もろもろ》の神《じん》通《つう》力《りき》*を以《もっ》て、顚《てん》倒《どう》*の衆《しゅ》生《じょう》をして、近《ちか》しと雖《いえど》も而《しか》も見《み》ざらしむ。

私はいつもこの世にいたのだが、さまざまな神通力を使って、迷い苦しんでいる人々にはすぐ近くにいることがわからないようにしてきた。

衆《しゅ》見《けん》我《が》滅《めつ》度《ど》　広《こう》供《く》養《よう》舎《しゃ》利《り》　咸《げん》皆《かい》懐《え》恋《れん》慕《ぼ》　而《に》生《しょう》渇《かつ》仰《ごう》心《しん》。

衆《しゅ》我《わ》が滅《めつ》度《ど》を見《み》て、広《ひろ》く舎《しゃ》利《り》*を供《く》養《よう》*し、咸《ことごと》く皆《みな》恋《れん》慕《ぼ》を懐《いだ》いて、渇《かつ》仰《ごう》の心《こころ》を生《しょう》ず。

これまでも人々は私が死んだのを見ては、広くその遺骨を供養し、人々はすべて私に対する恋慕の心をいだき、また私を強く求める心も生まれてきた。

衆《しゅ》生《じょう》既《き》信《しん》伏《ぶく》　質《しち》直《じき》意《い》柔《にゅう》軟《なん》　一《いっ》心《しん》欲《よっ》見《けん》仏《ぶつ》　不《ふ》自《じ》惜《しゃく》身《しん》命《みょう》。

衆生《しゅじょう》既《すで》に信伏《しんぷく》し、質直《しちじき》にして意柔軟《こころにゅうなん》に、一心《いっしん》に仏《ほとけ》を見《み》たてまつらんと欲《ほっ》して、自《みずか》ら身命《しんみょう》を惜《お》しまず。

ここにいたって人々はようやく私に信伏し、性格も素直で心穏やかになり、ただただ仏である私に会いたいと一心に思って、自分の命も惜しむことがないほどだった。

時《じ》我《が》及《ぎゅう》衆《しゅ》僧《そう》　倶《く》出《しゅつ》霊《りょう》鷲《じゅ》山《せん》　我《が》時《じ》語《ご》衆《しゅ》生《じょう》　常《じょう》在《ざい》
此《し》不《ふ》滅《めつ》　以《い》方《ほう》便《べん》力《りっ》故《こ》　現《げん》有《う》滅《めつ》不《ふ》滅《めつ》。

時《とき》に我《われ》及《およ》び衆《しゅ》僧《そう》、倶《とも》に霊《りょう》鷲《じゅ》山《せん》に出《い》ず。我《われ》時《とき》に衆《しゅ》生《じょう》に語《かた》る、常《つね》に此《ここ》に在《あ》って滅《めつ》せず、*方《ほう》便《べん》*力《りき》を以《もっ》ての故《ゆえ》に、滅《めつ》不《ふ》滅《めつ》ありと現《げん》ず。

そのような時がくると、私も人々も修行僧たちも、これまでのように皆いっしょに霊鷲山の頂に集ってきたのだ。そしてその時に、私は人々に次のように話してきた。『私はいつもこの世にいて去ることはないのだが、人々を導く方便としてこの世に生まれてきたり、死んでこの世から去ったように見せてきたのだ』と。

余国《よこく》有《う》衆生《しゅじょう》　恭敬《くぎょう》信楽《しんぎょう》者《しゃ》　我復《がぶ》於《お》彼《ひ》中《ちゅう》　為説《いせつ》無上法《むじょうほう》。

余国《よこく》に衆生《しゅじょう》の、恭敬《くぎょう》し信楽《しんぎょう》*する者《もの》有《あ》れば、我復《われまた》彼《か》の中《なか》に於《お》いて、為《ため》に無上《むじょう》の法《ほう》を説《と》く。

『この娑婆世界ではない、ほかの世界の人々が私を深くうやまい、信じ、会うことを心から楽しみにしているのであれば、私はその人々のところに行って、人々のためにこの上ない素晴らしい説法をしてきたのだ』と。

汝等《にょとう》不聞此《ふもんし》　但謂我滅度《たんにがめつど》。

汝等《なんだち》此《これ》を聞《き》かずして、但《ただ》我《われ》滅度《めつど》すと謂《おも》えり。

あなたたちは、これまでこの話を聞いたことがなかったので、ただただ私が死んでしまって、この世からいなくなってしまうと思うのだ。

我《が》見《けん》諸《しょ》衆《しゅ》生《じょう》　没《もつ》在《ざい》於《お》苦《く》海《かい》　故《こ》不《ふ》為《い》現《げん》身《しん》　令《りょう》其《ご》生《しょう》渇《かつ》仰《ごう》。

我《われ》諸《もろもろ》の衆《しゅ》生《じょう》を見《み》れば、苦《く》海《かい》に没《もつ》在《ざい》せり。故《かるがゆえ》に為《ため》に身《み》を現《げん》ぜずして、其《そ》れをして渇《かつ》仰《ごう》を*生《しょう》ぜしむ。

多くの人々は、苦しみの海の中に沈んでいるように私には見える。だから私はあえて人々の目には見えないようにして、人々に私を強く求める心が起こるようにしてきた。

因《いん》其《ご》心《しん》恋《れん》慕《ぼ》　乃《ない》出《しゅつ》為《い》説《せっ》法《ぽう》　神《じん》通《ずう》力《りき》如《にょ》是《ぜ》　於《お》阿《あ》
僧《そう》祇《ぎ》劫《こう》　常《じょう》在《ざい》霊《りょう》鷲《じゅ》山《せん》　及《ぎゅう》余《よ》諸《しょ》住《じゅう》処《しょ》。

其《そ》の心《こころ》恋《れん》慕《ぼ》するに因《よ》って、乃《すなわ》ち出《い》でて為《ため》に法《ほう》を説《と》く。神《ずん》通《つう》力《りき》是《かく》の如《ごと》し、阿《あ》僧《そう》*祇《ぎ》劫《こう》に於《おい》て、常《つね》に霊《りょう》鷲《じゅ》山《せん》、及《およ》び余《よ》の諸《もろもろ》の住《じゅう》処《しょ》に在《あ》り。

そして私を恋慕する人々の心に応じて、この世に現れて人々のために説法してきたのだ。私の神通力は、このようなものである。はるか無数の歳月の間、私は常に霊鷲山やそのほかいろいろなところにいたのだ。

衆生《しゅじょう》見劫尽《けんこうじん》　大火所焼時《だいかしょしょうじ》　我此土安穏《がしどあんのん》　天人《てんにん》常充満《じょうじゅうまん》。

衆生《しゅじょう》劫《こう》尽《つき》て、大火《だいか》に焼《や》かるると見《み》る時《とき》も、我《わ》が此《こ》の土《ど》は安《あん》穏《のん》にして、天人《てんにん》常《つね》に充満《じゅうまん》せり。

人々の寿命が尽きて大火に焼かれる悲惨な時を迎えても、私のいるこの娑婆世界は安穏で、素晴らしい天人がいつもたくさん舞っている。

園《おん》林《りん》諸《しょ》堂《どう》閣《かく》　種《しゅ》種《じゅ》宝《ほう》荘《しょう》厳《ごん》　宝《ほう》樹《じゅ》多《た》華《け》果《か》　衆《しゅ》生《じょう》
所《しょ》遊《ゆう》楽《らく》。

園《おん》林《りん》諸《もろもろ》の堂《どう》閣《かく》、種《しゅ》種《じゅ》の宝《たから》をもって荘《しょう》厳《ごん》し、宝《ほう》樹《じゅ》*華《け》果《か》多《おお》くして、衆《しゅ》生《じょう》の遊《ゆう》楽《らく》する所《ところ》なり。

美しい園や林、そして諸々の立派な堂閣は、種々の宝物によって更に華麗に荘厳され、宝物のように輝く木々や花々、果実が広がっていて、人々が心から遊楽しているところなのだ。

諸《しょ》天《てん》撃《ぎゃく》天《てん》鼓《く》　常《じょう》作《さっ》衆《しゅ》伎《ぎ》楽《がく》　雨《う》曼《まん》陀《だ》羅《ら》華《け》　散《さん》仏《ぶっ》
及《ぎゅう》大《だい》衆《しゅ》。

諸《しょ》天《てん》天《てん》鼓《く》*を撃《う》って、常《つね》に諸《もろもろ》の伎《ぎ》楽《がく》*を作《な》し、曼《まん》陀《だ》羅《ら》華《け》*を雨《ふ》らして、仏《ほとけ》及《およ》び大《だい》衆《しゅ》*に散《さん》ず。

多くの天人・天女が空から鼓を打ち、いつもさまざまな音楽が奏でられ、白い可憐な花びらが空から雨のように、仏である私と人々のもとに舞い降りてくるのだ。

我《が》浄《じょう》土《ど》不《ふ》毀《き》　而《に》衆《しゅ》見《けん》焼《しょう》尽《じん》　憂《う》怖《ふ》諸《しょ》苦《く》悩《のう》　如《にょ》是《ぜ》悉《しっ》充《じゅう》満《まん》。

我《わ》が浄《じょう》土《ど》は毀《やぶ》れざるに、而《しか》も衆《しゅ》は焼《や》け尽《つき》て、憂《う》怖《ふ》諸《もろもろ》の苦《く》悩《のう》、是《かく》の如《ごと》き悉《ことごと》く*充《じゅう》満《まん》せりと見《み》る。

私のいる素晴らしい世界は壊れていないのに、ただ人々だけが大火に焼け尽くされてしまったかのように、憂いや怖れやさまざまな苦悩であふれかえっているように見える。

是《ぜ》諸《しょ》罪《ざい》衆《しゅ》生《じょう》　以《い》悪《あく》業《ごう》因《いん》縁《ねん》　過《か》阿《あ》僧《そう》祇《ぎ》劫《こう》　不《ふ》聞《もん》三《さん》宝《ぼう》名《みょう》。

是《この》諸《もろもろ》の罪《つみ》の衆《しゅ》生《じょう》は、悪《あく》業《ごう》*の因《いん》縁《ねん》を以《もっ》て、阿《あ》僧《そう》祇《ぎ》劫《こう》を過《す》ぐれども、三《さん》宝《ぼう》〔仏法僧〕*の名《みな》を聞《き》かず。

このように苦悩する罪深い人々は、過去の悪い行いがその身にたまって悪業となり、はるか長い歳月を経ても仏やその説法や教団の名前すら聞く機会が訪れなかった。

諸《しょ》有《う》修《しゅ》功《く》徳《どく》　柔《にゅう》和《わ》質《しち》直《じき》者《しゃ》　則《そっ》皆《かい》見《けん》我《が》身《しん》　在《ざい》此《し》
而《に》説《せっ》法《ぽう》。

諸《もろもろ》の有《あら》ゆる功《く》徳《どく》＊を修《しゅ》し、柔《にゅう》和《わ》質《しち》直《じき》なる者《もの》は、則《すなわ》ち皆《みな》我《わ》が身《み》、此《ここ》に在《あ》って法《ほう》を説《と》くと見《み》る。

一方で、過去の良い行いによってあらゆる徳を積んで、やさしく穏やかで素直で正直な人は、誰もが私はこの世にいて説法し続けていると思っている。

或《わく》時《じ》為《い》此《し》衆《しゅ》　説《せっ》仏《ぶつ》寿《じゅ》無《む》量《りょう》　久《く》乃《ない》見《けん》仏《ぶっ》者《しゃ》　為《い》説《せつ》仏《ぶつ》難《なん》値《ち》。

或《あ》る時《とき》は此《こ》の衆《しゅ》の為《ため》に、仏《ぶつ》寿《じゅ》無《む》量《りょう》なりと説《と》く。久《ひさ》しくあって乃《いま》し仏《ほとけ》を見《み》たてまつる者《もの》には、為《ため》に仏《ほとけ》には値《あ》い難《がた》しと説《と》く。

ある時は、このような人々のために、仏の寿命に際限はないと説いたし、一方で、長い歳月の間、何度も生まれ変わってようやく仏と出会うことができた人々には、あえて、仏に出会うことはとても難しいことなのだ、と説いて、その有難さを教えてきたのだ。

我《が》智《ち》力《りき》如《にょ》是《ぜ》　慧《え》光《こう》照《しょう》無《む》量《りょう》　寿《じゅ》命《みょう》無《む》数《しゅ》劫《こう》　久《く》修《しゅ》業《ごう》所《しょ》得《とく》。

我《わ》が智《ち》力《りき》是《かく》の如《ごと》し。慧《え》光《こう》照《て》らすこと無《む》量《りょう》に、寿《じゅ》命《みょう》無《む》数《しゅ》劫《こう》、久《ひさ》しく業《ごう》*を修《しゅ》して得《う》る所《ところ》なり。

私の知恵の力というのは、こういうことをいうのだ。私の知恵の光ははてしない無量の人々を照らし続け、その寿命は際限がないのである。それは、長い長い歳月の間、修行を積んで体得したものなのだ。

汝《によ》等《とう》有《う》智《ち》者《しゃ》　勿《もっ》於《と》此《し》生《しょう》疑《ぎ》　当《とう》断《だん》令《りょう》永《よう》尽《じん》　仏《ぶっ》語《ご》実《じっ》不《ぷ》虚《こ》。

汝《なん》等《だち》智《ち》有《あ》らん者《もの》、此《ここ》に於《おい》て疑《うたがい》を生《しょう》ずること勿《なか》れ。当《まさ》に断《だん》じて永《なが》く尽《つき》しむべし。仏《ぶつ》語《ご》は実《じつ》にして虚《むな》しからず。

あなた方のように知恵のある者たちは、今の私の説法に疑いを抱いてはいけない。一切の疑いを永遠に断じつくすのだ。仏の言葉は真実であり、虚偽はないのだ。

如《にょ》医《い》善《ぜん》方《ほう》便《べん》　為《い》治《じ》狂《おう》子《し》故《こ》　実《じつ》在《ざい》而《に》言《ごん》死《し》　無《む》能《のう》説《せっ》虚《こ》妄《もう》。

医《い》の善《よ》き方《ほう》便《べん》をもって、狂《おう》子《じ》を治《じ》せんが為《ため》の故《ゆえ》に、実《じつ》には在《あ》れども而《しか》も死《し》すというに、能《よ》く虚《こ》妄《もう》を説《と》くものなきが如《ごと》く。

それは、医者が最良の方便として、狂ってしまった子どもを治すために、本当は死んではいないのに「父は死んでしまった」と語って子どもたちを正気に戻させたのが、決して虚偽を説いたのではないのと同じである。

我《が》亦《やく》為《い》世《せ》父《ぶ》　救《く》諸《しょ》苦《く》患《げん》者《しゃ》　為《い》凡《ぼん》夫《ぶ》顛《てん》倒《どう》　実《じつ》在《ざい》而《に》言《ごん》滅《めつ》。

我《われ》も亦《また》為《これ》世《よ》の父《ちち》、諸《もろもろ》の苦《く》患《げん》を救《すく》う者《もの》なり。凡《ぼん》夫《ぶ》*の顛《てん》倒《どう》せるを為《もっ》て、実《じつ》には在《あ》れども而《しか》も滅《めっ》すと言《い》う。

私もまた、これと同様、この世の父であり、諸々の病で苦しむ患者を救う者である。人々が正気を失ってしまっているので、本当は死んでいないのに、死んでこの世から去ると言っているのだ。

以《い》常《じょう》見《けん》我《が》故《こ》　而《に》生《しょう》憍《きょう》恣《し》心《しん》　放《ほう》逸《いつ》著《じゃく》五《ご》欲《よく》　堕《だ》於《お》悪《あく》道《どう》中《ちゅう》。

常《つね》に我《われ》を見《み》るを以《もっ》ての故《ゆえ》に、而《しか》も憍《きょう》恣《し》の心《こころ》を生《しょう》じ、放《ほう》逸《いつ》にして五《ご》欲《よく》*〔色・声・香・味・触〕に著《じゃく》し、悪《あく》道《どう》*の中《なか》に堕《お》ちなん。

なぜなら、人々はいつも私を目の前にしているから、そのことで気ままになり、放逸に流れ、欲望の赴くままに節度も失い、悪道の中に堕ちてしまっているからである。

我《が》常《じょう》知《ち》衆《しゅ》生《じょう》　行《ぎょう》道《どう》不《ふ》行《ぎょう》道《どう》　随《ずい》応《おう》所《しょ》可《か》度《ど》　為《い》説《せつ》種《しゅ》種《じゅ》法《ほう》。

我《われ》常《つね》に衆《しゅ》生《じょう》の、道《どう》を行《ぎょう》じ道《どう》を行《ぎょう》ぜざるを知《し》って、度《ど》すべき所《ところ》に随《したが》って、為《ため》に種《しゅ》種《じゅ》の法《ほう》を説《と》く。

私はいかなる時でも、人々が仏道に精進しているのか、していないのか、それをよく見極めて、まさにその人に必要な救済の手段を適切に選択し、さまざまな説法をしてきたのだ。

毎《まい》自《じ》作《さ》是《ぜ》念《ねん》　以《い》何《が》令《りょう》衆《しゅ》生《じょう》　得《とく》入《にゅう》無《む》上《じょう》道《どう》　速《そく》成《じょう》就《じゅ》仏《ぶっ》身《しん》。

毎《つね》に自《みずか》ら是《こ》の念《ねん》を作《な》す。何《なに》を以《もっ》てか衆生《しゅじょう》をして無上道《むじょうどう》＊に入《い》り、速《すみや》かに仏身《ぶっしん》を成就《じょうじゅ》することを得《え》せしめんと。

私はいかなる時でも、このように念じ続けてきたのだ。『何とかして人々に人生のこの上ない幸せの軌道を歩ませてあげ、ただちに仏の境地を体得できるようにさせたい』と。

永遠の仏を説いた「如来寿量品」

本書の第二部は、『法華経』の「如来寿量品」の結論部分を掲載しています。これは、釈迦が自分は今世で仏となったのではなく、久遠の昔からこの娑婆世界で『法華経』を説法し続け、無数の人々を仏道に導いてきた、と明かすところから始まります。そして、釈迦が入滅するのは、人々に仏を求める気持ちを強く持たせるための方便であり、仏は常にこの娑婆世界にあって、何とかして衆生を仏にしようと常に強く念じているのだ、と結論しています。

釈迦族の王子から出家して悟りを開いたと信じてきた人々に、この説法は、強烈な驚きを持って受け止められました。同時にこの説法によって「永遠の仏」または「仏の永遠性」を示したことで、他の教典を超越する高みに『法華経』を引き揚げました。

さらに、この説法によって「仏とは、人々を仏に導く人である」という定義も示されます。これは、人の救済を目指す大乗仏教の理念なかでも最上の到達点を記すものでした。ここで示された「仏とは、人々を仏に導く人である」との定義は、次のように言い換えることができます。「人は、他人を仏にして、初めて仏となる」——。ということは、仏は他人の成仏とともにあるわけで、他者の成仏なくして個人の成仏はありえません。つまり、仏がこの世に存在するということは、人を仏にしようとする連鎖が存在していることになります。しかも、この連鎖は、久遠の過去から未来にわたって永遠に存在しているというのです。

『法華経』は、「方便品」と「如来寿量品」を通じて「本来この世は、万人が成仏できる平等性と、人を仏に導く救済と慈悲の永遠性に満ちている」ことを示しました。

では、望みさえすれば誰もが、そしていつの時代でも、人はこの救済と慈悲に満ちた世界に我が身を置くことができるのか、というと、どうもそうではないのです。『法華経』では、釈迦以前の過去に何度も『法華経』が説かれてきたと書かれています。威音王仏《いおんのうぶつ》という仏が『法華経』を説き、その仏が没して『法華経』の教えが世の中から失われそうになると次に不軽菩薩《ふぎょう》が出てきて、改めて二十四文字の『法華経』を説いたといいます。この二十四文字の『法華経』が何を説いていたかというと、「皆、仏になれる」と万人の成仏を説いているのです。威音王仏の『法華経』も同じです。ですので逆からいえば、万人の成仏を説いた教説を『法華経』と名付けたともいえるでしょう。つまり、現在の『法華経』は、正確には「釈迦の法華経」と呼べるものなのです。

しかも、釈迦は過去の不軽菩薩が、現在の釈迦自身であるとも説いています。ここからわかるのは、『法華経』と呼ばれる万人の成仏を説く教説は、過去から繰り返し説かれ、『法華経』を説く仏も過去から繰り返し現れてきたということです。

釈迦は、『法華経』において、釈迦の没後、混乱した世の中で再び『法華経』を説く者には、言語を絶する迫害があるだろうと述べ、その迫害を乗り越えて『法華経』を説くよう弟子たちに遺言します。この遺言は、『法華経』を読むものに鮮烈な印象を残します。

一方で、釈迦は同じ『法華経』において、全く逆のことを言います。静かな場所で、心静かに誰とも敵対せず、『法華経』を「所持し、読み、さらに暗唱し、解説し、書写しなさい」というのです。この五種の修行をした功徳で、目、耳、鼻、舌、身、意（こころ）が限りなく清浄になると説いています。

『法華経』には多くの矛盾もあります。これも、『法華経』の底知れない魅力となり、後世、様々な解釈を生み出してきました。書写の先に何があるのか、何を感じるのか。それこそが、「あなただけの法華経」の魅力に違いありません。

写経（一）

方便品《ほうべんほん》　如来寿量品《にょらいじゅりょうほん》

方便品第二
爾時世尊。從
三昧。安詳而

起。告舎利弗。

諸仏智慧。甚

深無量。其智

慧門。難解難入。一切声聞辟支仏。所不

能知。所以者
何。仏曾親近。
百千万億。無

数諸仏。尽行諸仏無量道法。勇猛精進。

名称普聞。成
就甚深。未曾
有法。随宜所

説。意趣難解。
舎利仏。吾従
成仏已来。種

種因縁。種種
譬喩。広演言
教。無数方便。

引導衆生。令離諸著。所以者何。如来方

便。知見波羅蜜。皆已具足。舎利仏。如来

知見。広大深遠。無量無礙。力。無所畏。禅定。解脱。三昧。
深入無際。成
就一切。未曾

有法。舎利仏。如来能。種種分別。巧説諸

法。言辞柔軟。
悦可衆心。舎
利仏。取要言

之。無量無辺。未曾有法。仏悉成就。止舎

利仏。不須復

説。所以者何。

仏所成就。第

一希有。難解之法。唯仏与仏。乃能究尽。

諸法実相。所
謂諸法。如是
相。如是性。如

是体。如是力。
如是作。如是
因。如是縁。如

是果。如是報。

如是本末究

竟等。

如来寿量品
第十六

自我得仏来。
所経諸劫数。
無量百千万。

億載阿僧祇。常説法教化。無数億衆生。

令入於仏道。
爾来無量劫。
為度衆生故。

方便現涅槃。
而実不滅度。
常住此説法。

我常住於此。

以諸神通力。

令顛倒衆生。

雖近而不見。
衆見我滅度。
広供養舎利。

咸皆懐恋慕。
而生渇仰心。
衆生既信伏。

質直意柔軟。
一心欲見仏。
不自惜身命。

時我及衆僧。
倶出霊鷲山。
我時語衆生。

常在此不滅。
以方便力故
現有滅不滅。

余国有衆生。
恭敬信楽者。
我復於彼中。

為説無上法。
汝等不聞此。
但謂我滅度。

我見諸衆生。
没在於苦海。
故不為現身。

令其生渇仰。
因其心恋慕。
乃出為説法。

神通力如是。於阿僧祇劫。常在靈鷲山。

及余諸住処。
衆生見劫尽。
大火所焼時。

我此土安穏。
天人常充満。
園林諸堂閣。

種種宝荘厳。
宝樹多華果。
衆生所遊楽。

諸天撃天鼓。
常作衆伎楽。
雨曼陀羅華。

散仏及大衆。我浄土不毀。而衆見焼尽。

憂怖諸苦悩。
如是悉充満。
是諸罪衆生。

以悪業因縁。
過阿僧祇劫。
不聞三宝名。

諸有修功徳。
柔和質直者。
則皆見我身。

在此而説法。
或時為此衆。
説仏寿無量。

久乃見仏者。
為説仏難値。
我智力如是。

慧光照無量。
寿命無数劫。
久修業所得。

汝等有智者。
勿於此生疑。
当断令永尽。

仏語実不虚。
如医善方便。
為治狂子故。

実在而言死。
無能説虚妄。
我亦為世父。

救諸苦患者。
為凡夫顛倒。
実在而言滅。

以常見我故。
而生憍恣心。
放逸著五欲。

堕於悪道中。
我常知衆生。
行道不行道。

随応所可度。
為説種種法。
毎自作是念。

以何令衆生。
得入無上道。
速成就仏身。

写経(二)

方便品《ほうべんほん》　如来寿量品《にょらいじゅりょうほん》

方便品第二

爾時世尊。從
三昧。安詳而

起。告舎利弗。
諸仏智慧。甚
深無量。其智

慧門。難解難
入。一切声聞。
辟支仏。所不

能知。所以者何。仏曽親近。百千万億。無

数諸仏。尽行
諸仏。無量道
法。勇猛精進。

名称普聞。成
就甚深。未曾
有法。随宜所

説。意趣難解。舎利仏。吾従成仏已来。種

種因縁。種種
譬喩。広演言
教。無数方便。

引導衆生。令
離諸著。所以
者何。如来方

便。知見波羅
蜜。皆已具足。
舍利仏。如来

知見。広大深
遠。無量無礙。
力。無所畏。禅

定。解脱。三昧。
深入無際。成
就一切。未曾

有法。舍利仏。
如来能。種種
分別。巧説諸

法。言辭柔軟。
悦可衆心。舍
利仏。取要言

之。無量無辺。
未曽有法。仏
悉成就。止舎

利仏。不須復
説。所以者何。
仏所成就。第

一希有。難解之法。唯仏与仏。乃能究尽。

諸法実相。所謂諸法。如是相。如是性。如

是体。如是力。
如是作。如是
因。如是縁。如

是果。如是報。

如是本末究

竟等。

如来寿量品
第十六

自我得仏来。
所経諸劫数。
無量百千万。

億載阿僧祇。常説法教化。無数億衆生。

令入於仏道。

爾来無量劫。

為度衆生故。

方便現涅槃。
而実不滅度。
常住此説法。

我常住於此。
以諸神通力。
令顛倒衆生。

雖近而不見。
衆見我滅度。
広供養舎利。

咸皆懐恋慕。
而生渇仰心。
衆生既信伏。

質直意柔軟。
一心欲見仏。
不自惜身命。

時我及衆僧。
倶出霊鷲山。
我時語衆生。

常在此不滅。
以方便力故。
現有滅不滅。

余国有衆生。
恭敬信楽者。
我復於彼中。

為説無上法。
汝等不聞此。
但謂我滅度。

我見諸衆生。
没在於苦海。
故不為現身。

令其生渇仰。
因其心恋慕。
乃出為説法。

神通力如是。於阿僧祇劫。常在霊鷲山。

及余諸住処。
衆生見劫尽。
大火所焼時。

我此土安穩。
天人常充滿。
園林諸堂閣。

種種宝荘厳。
宝樹多華果。
衆生所遊楽。

諸天撃天鼓。
常作衆伎楽。
雨曼陀羅華。

散仏及大衆。
我浄土不毀。
而衆見焼尽。

憂怖諸苦悩。
如是悉充満。
是諸罪衆生

以悪業因縁。
過阿僧祇劫。
不聞三宝名。

諸有修功徳。
柔和質直者。
則皆見我身。

在此而説法。
或時為此衆。
説仏寿無量。

久乃見仏者。
為説仏難値。
我智力如是。

慧光照無量。
寿命無数劫。
久修業所得。

汝等有智者。
勿於此生疑。
当断令永尽。

仏語実不虚。
如医善方便。
為治狂子故。

実在而言死。
無能説虚妄。
我亦為世父。

救諸苦患者。
為凡夫顚倒。
実在而言滅。

以常見我故。
而生憍恣心。
放逸著五欲。

墮於惡道中。
我常知眾生。
行道不行道。

随応所可度。
為説種種法。
毎自作是念。

以何令衆生。
得入無上道。
速成就仏身。

写経（三）

方便品《ほうべんほん》　如来寿量品《にょらいじゅりょうほん》

方便品第二

爾時世尊。從三昧。安詳而

起。告舍利弗。
諸仏智慧。甚
深無量。其智

慧門。難解難入。一切声聞。辟支仏。所不

能知。所以者何。仏曾親近。百千万億。無

数諸仏。尽行
諸仏。無量道
法。勇猛精進。

名称普聞。成
就甚深。未曾
有法。随宜所

説。意趣難解。舎利仏。吾従成仏已来。種

種因縁。種種
譬喩。広演言
教。無数方便。

引導衆生。令離諸著。所以者何。如来方

便。知見波羅
蜜。皆已具足。
舍利仏。如来

知見。広大深
遠。無量無礙。
力。無所畏。禅

定解脱三昧。

深入無際成。

就一切未曾

有法。舍利仏。
如来能。種種
分別。巧説諸

法。言辞柔軟。
悦可衆心。舎
利仏。取要言

之。無量無辺。
未曾有法。仏
悉成就。止舎

利
仏。
不
須
復

説。
所
以
者
何。

仏
所
成
就。
第

一希有。難解之法。唯仏与仏。乃能究尽。

諸法実相。所
謂諸法。如是
相。如是性。如

是体。如是力。
如是作。如是
因。如是縁。如

是果。如是報。

如是本末究

竟等。

如来寿量品
第十六

自我得仏来
所経諸劫数
無量百千万

億載阿僧祇。
常説法教化。
無数億衆生。

令入於仏道。
爾来無量劫。
為度衆生故。

方便現涅槃。
而実不滅度。
常住此説法。

我常住於此。
以諸神通力。
令顛倒衆生。

雖近而不見。
衆見我滅度。
広供養舎利。

咸皆懐恋慕。
而生渇仰心。
衆生既信伏。

質直意柔軟。
一心欲見仏。
不自惜身命。

時我及衆僧。

倶出靈鷲山。

我時語衆生。

常在此不滅。
以方便力故。
現有滅不滅。

余国有衆生。

恭敬信楽者。

我復於彼中。

為説無上法。
汝等不聞此。
但謂我滅度。

我見諸衆生。没在於苦海。故不為現身。

令其生渴仰。
因其心恋慕。
乃出為説法。

神通力如是。
於阿僧祇劫。
常在霊鷲山。

及余諸住処。
衆生見劫尽
大火所焼時。

我此土安穏。

天人常充満。

園林諸堂閣。

種種宝荘厳。
宝樹多華果。
衆生所遊楽。

諸天撃天鼓。
常作衆伎楽。
雨曼陀羅華。

散仏及大衆。
我浄土不毀。
而衆見焼尽。

憂怖諸苦悩。
如是悉充満。
是諸罪衆生。

以悪業因縁。
過阿僧祇劫。
不聞三宝名。

諸有修功徳。
柔和質直者。
則皆見我身。

在此而説法。
或時為此衆。
説仏寿無量。

久乃見仏者。
為説仏難値。
我智力如是。

慧光照無量。
寿命無数劫。
久修業所得。

汝等有智者。
勿於此生疑。
当断令永尽。

仏語実不虚。
如医善方便。
為治狂子故。

実在而言死。
無能説虚妄。
我亦為世父。

救諸苦患者。
為凡夫顛倒。
実在而言滅。

以常見我故。

而生憍恣心。

放逸著五欲。

墮於惡道中。
我常知衆生。
行道不行道。

随応所可度。
為説種種法。
毎自作是念。

以何令衆生。
得入無上道。
速成就仏身。

写経(四)

方便品《ほうべんほん》　如来寿量品《にょらいじゅりょうほん》

方便品第二

爾時世尊。從

三昧。安詳而

起。告舎利弗。
諸仏智慧。甚
深無量。其智

慧門。難解難
入。一切声聞。
辟支仏。所不

能知。所以者
何。仏曾親近。
百千万億。無

数諸仏。尽行諸仏。無量道法。勇猛精進。

名称普聞。成
就甚深。未曾
有法。随宜所

説。意趣難解。
舎利仏。吾従
成仏已来。種

種因縁。種種
譬喩。広演言
教。無数方便。

引導衆生。令
離諸著。所以
者何。如来方

便。知見波羅
蜜。皆已具足。
舎利仏。如来

知見。広大深
遠。無量無礙。
力。無所畏。禅

定。解脱。三昧。
深入無際。成
就一切。未曾

有法。舎利仏。
如来能。種種
分別。巧説諸

法。言辭柔軟。
悦可衆心。舎
利仏。取要言

之。無量無辺。未曾有法。仏悉成就。止舎

利仏。不須復
説。所以者何。
仏所成就。第

一希有。難解
之法。唯仏与
仏。乃能究尽。

諸法実相。所
謂諸法。如是
相。如是性。如

是体。如是力。如是作。如是因。如是縁。如是果。如是報。
如是本末究
竟等。

如来寿量品
第十六

自我得仏来
○

所経諸劫数
○

無量百千万
○

億載阿僧祇。
常説法教化。
無数億衆生。

令入於仏道。

爾来無量劫。

為度衆生故。

方便現涅槃。
而実不滅度。
常住此説法。

我常住於此。
以諸神通力。
令顛倒衆生。

雖近而不見。
衆見我滅度。
広供養舎利。

咸皆懐恋慕。
而生渇仰心。
衆生既信伏。

質直意柔軟。
一心欲見仏。
不自惜身命。

時我及衆僧。
倶出靈鷲山。
我時語衆生。

常在此不滅。
以方便力故。
現有滅不滅。

余国有衆生。
恭敬信楽者。
我復於彼中。

為説無上法。
汝等不聞此。
但謂我滅度。

我見諸衆生。
没在於苦海。
故不為現身。

令其生渇仰。
因其心恋慕。
乃出為説法。

神通力如是。
於阿僧祇劫。
常在霊鷲山。

及余諸住処。
衆生見劫尽。
大火所焼時。

我此土安穏。
天人常充満。
園林諸堂閣。

種種宝荘厳。
宝樹多華果。
衆生所遊楽。

諸天撃天鼓。
常作衆伎楽。
雨曼陀羅華。

散仏及大衆。
我浄土不毀。
而衆見焼尽。

憂怖諸苦悩。
如是悉充満。
是諸罪衆生。

以悪業因縁。
過阿僧祇劫。
不聞三宝名。

諸有修功徳。
柔和質直者。
則皆見我身。

在此而説法。
或時為此衆。
説仏寿無量。

久乃見仏者。
為説仏難値。
我智力如是。

慧光照無量。
寿命無数劫。
久修業所得。

汝等有智者。
勿於此生疑。
当断令永尽。

仏語実不虚。
如医善方便。
為治狂子故。

実在而言死。
無能説虚妄。
我亦為世父。

救諸苦患者。
為凡夫顛倒。
実在而言滅。

以常見我故。
而生憍恣心。
放逸著五欲。

随於悪道中。
我常知衆生。
行道不行道。

随応所可度。
為説種種法。
毎自作是念。

以何令衆生。
得入無上道。
速成就仏身。

写経（五）

方便品《ほうべんぽん》　如来寿量品《にょらいじゅりょうほん》

方便品第二

爾時世尊。從

三昧。安詳而

起。告舎利弗。
諸仏智慧。甚
深無量。其智

慧門。難解難
入。一切声聞
辟支仏。所不

能知。所以者何。仏曽親近。百千万億。無

数諸仏。尽行
諸仏。無量道
法。勇猛精進。

名称普聞。成就甚深。未曾有法。随宜所

説。意趣難解。舎利仏。吾従成仏已来。種

種因縁○種種
譬喩○広演言
教○無数方便○

引導衆生。令
離諸著。所以
者何。如来方

便。知見波羅
蜜。皆已具足。
舎利仏。如来

知見。広大深
遠。無量無礙。
力。無所畏。禅

定。解脱。三昧。深入無際。成就一切。未曾

有法。舎利仏。如来能。種種分別。巧説諸

法。言辭柔軟。悦可衆心。舍利仏。取要言

之。無量無辺。未曾有法。仏悉成就。止舍

利仏。不須復
説。所以者何。
仏所成就。第

一希有。難解
之法。唯仏与
仏。乃能究尽。

諸法実相。所謂諸法。如是相。如是性。如

是体。如是力。如是作。如是因。如是縁。如是果。如是報。
如是本末究
竟等。

如来寿量品第十六

自我得仏来。
所経諸劫数。
無量百千万。

億載阿僧祇。
常説法教化。
無数億衆生。

令入於仏道。
爾来無量劫。
為度衆生故。

方便現涅槃。
而実不滅度。
常住此説法。

我常住於此。
以諸神通力。
令顛倒衆生。

雖近而不見。
衆見我滅度。
広供養舎利。

咸皆懐恋慕。
而生渇仰心。
衆生既信伏。

質直意柔軟。
一心欲見仏。
不自惜身命。

時我及衆僧。
倶出霊鷲山。
我時語衆生。

常在此不滅。
以方便力故。
現有滅不滅。

余国有衆生。
恭敬信楽者。
我復於彼中。

為説無上法。
汝等不聞此。
但謂我滅度。

我見諸衆生。没在於苦海。故不為現身。

令其生渴仰。
因其心恋慕。
乃出為説法。

神通力如是。於阿僧祇劫。常在靈鷲山。

及余諸住処。
衆生見劫尽。
大火所焼時。

我此土安穏。
天人常充満。
園林諸堂閣。

種種宝荘厳。宝樹多華果。衆生所遊楽。

諸天撃天鼓。
常作衆伎楽。
雨曼陀羅華。

散仏及大衆。
我浄土不毀。
而衆見焼尽。

憂怖諸苦悩。

如是悉充満。

是諸罪衆生。

以悪業因縁。過阿僧祇劫。不聞三宝名。

諸有修功徳。
柔和質直者。
則皆見我身。

在此而説法。
或時為此衆。
説仏寿無量。

久乃見仏者。
為説仏難値。
我智力如是。

慧光照無量。
寿命無数劫。
久修業所得。

汝等有智者。

勿於此生疑。

当断令永尽。

仏語実不虚。
如医善方便。
為治狂子故。

実在而言死。
無能説虚妄。
我亦為世父。

救諸苦患者。
為凡夫顛倒。
実在而言滅。

以常見我故。
而生憍恣心。
放逸著五欲。

墮於惡道中。

我常知眾生。

行道不行道。

随応所可度。
為説種種法。
毎自作是念。

以何令衆生。
得入無上道。
速成就仏身。

20 × 8

20 × 8

20×8

江間 浩人（えま・ひろと）

1970年東京生まれ。仏教系大学卒業後、サラリーマン生活の傍ら日蓮を研究。「ミステリーな日蓮」（論創社 HP　論創通信）を連載中。ほかに「日蓮と政治」（『法然思想』Vol.4 2016）がある。

鉛筆でなぞる『法華経』
――「方便品」と「如来寿量品」

2020年9月20日　初版第1刷印刷
2020年9月25日　初版第1刷発行

編著者　江間浩人
発行人　森下紀夫
発行所　論 創 社
東京都千代田区神田神保町 2-23　北井ビル（〒101-0051）
tel. 03（3264）5254　fax. 03（3264）5232　web. http://www.ronso.co.jp/
振替口座 00160-1-155266

組版／ダーツフィールド
装幀／宗利淳一
印刷・製本／中央精版印刷

ISBN978-4-8460-1915-0